ALLES DREHT SICH UM
BABY BLUES ®

LAPPAN

D1722045

ISBN 978-3-8303-8010-8

Alle Rechte vorbehalten

© 1998 by Baby Blues Partnership/Distr. by
King Features Syndicate/Repres. by Bulls

© 2012 für diese Ausgabe
Lappan Verlag GmbH,
Würzburger Straße 14, 26121 Oldenburg

Printed in EU

Der Lappan Verlag ist ein Unternehmen
der Verlagsgruppe Ueberreuter.

www.lappan.de

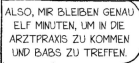

KEUCH!PRUST! TSCHULDIGE! PRUST! SPÄT! SCHNAUF! ICH KANN'S KEUCH! ERKLÄREN!

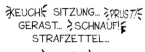

KEUCH! SITZUNG... PRUST! GERAST... SCHNAUF! STRAFZETTEL...

NAJA, SCHLIMMER KANN'S HEUTE NICHT MEHR KOMMEN...

NUN, WENN SIE KEINE WEITEREN FRAGEN HABEN, SEHEN WIR UNS IN EINEM MONAT WIEDER.

DANKE, FRAU DOKTOR.

JUTTA GIBT IHNEN NOCH WAS ZU LESEN MIT, WIE SIE SICH IN DER SCHWANGERSCHAFT FIT HALTEN.

SIE WISSEN JA... GESUNDE ERNÄHRUNG, REICHLICH VITAMINE, FRISCHE LUFT, LEICHTEN SPORT, SCHLAF...

...UND DENKEN SIE DRAN, NICHTS SCHWERES TRAGEN!

PING!

HMM DMM DMM

HMM DMMM HMMM

FRISCHGEBACKENER VATER, MÄDCHEN, SIEBEN PFUND, WAHRSCHEINLICH SEIN ERSTES KIND.

WOHER WOLLEN SIE DAS SO GENAU WISSEN?

WENN JEMAND SO SCHLECHT AUSSIEHT UND DABEI SO GUTER LAUNE IST, STECKT MEISTENS EIN BABY DAHINTER.

VIELEN DANK.

IST DIR SCHON AUF-GEFALLEN, DASS WIR MIT SUSI NICHT MEHR BABYSPRACHE REDEN?

BABYSPRACHE?

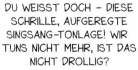

DU WEISST DOCH – DIESE SCHRILLE, AUFGEREGTE SINGSANG-TONLAGE! WIR TUNS NICHT MEHR, IST DAS NICHT DROLLIG?

JE ÄLTER SUSI WIRD, DESTO WENIGER KLINGEN WIR WIE DIE MUPPETS!

HAND AUF'S HERZ, BABS... INWIEFERN HAT DIE MUTTER-SCHAFT DICH VERÄNDERT?

HIMMEL...ICH WÜRDE SAGEN, ICH BRAUCHE WENIGER SCHLAF, ICH BIN VIEL GEDULDIGER GEWORDEN, UND MEINE E.R.S. IST JETZT HÖHER ALS FRÜHER.

E.R.S?

EKEL REIZ SCHWELLE

AU MANN! RATET MAL, WAS SUSI GRAD GEGESSEN HAT!

KOMM, SUSI! ALLES KLAR ZUM BADEN!

NEIN! NICHT SCHON WIEDER! ICH DACHTE, DU HAST...?

ICH DACHTE, DU HAST SIE AUSGE-ZOGEN!

SCHLUPP!

MANN! WIRKLICH SAUGFÄHIG, DIESE WINDELN!

ICH HOL DEN SCHLAUCH

SUSI SCHLÄFT UND ALLES IST PICOBELLO AUFGERÄUMT.

LASS UNS ENTSPANNEN UND ÜBER DEN TAG NACHSINNEN.

NE...LASS UNS LIEBER FERNSEHEN!

GUTE IDEE.

Liebe Marion, entschuldige, dass mein Geschenk so spät kommt, aber du weisst ja, wie das ist.

Ich dachte mir, dass so ein Baby-Strampler genau das richtige für ein Neugeborenes ist. Hoffentlich gefällt er Dir.

Da Tommy schon in den Kindergarten geht, schicke ich das Schnittmuster mit.

WIE ALT WAR SUSI, ALS SIE LERNTE, SICH UMZUDREHEN?

VIER-EIN-HALB MONATE

DAS ERSTE MAL "MA-MA" SAGTE?

ZWANZIG WOCHEN.

ZAHNTE?

ACHT MONATE.

SICH AUFSETZTE?

NEUNZEHN-EINHALB WOCHEN

WAS GAB'S BEI EUCH GESTERN ZUM MITTAGESSEN?

ÄHMMMMMMM...

ALSO - NICHT BLOSS WIR!

BIN ICH FROH!

PLATSCH!

PLATSCH!

AHHH! DAS IST SCHON BESSER!

LIEST DU WIEDER "SANDMÄNN-CHEN" VOR?

ICH VERSUCH'S. IST NOCH KAFFEE DA?

'N CHEN?

ERINNERST DU DICH AN SUSIS ERSTES WORT?

JA... DAS WAR "PA-PA".

NEIN... DAS ZÄHLT NICHT ALS WORT. ALLE BABIES MACHEN ERSTMAL "PA-PA".

"PA" IST KEIN WORT. BLOSS EIN LAUT.

NA GUT. WAS WAR DANN IHR ERSTES **WORT?**

MA-MA.

WAS IST DAS?

VORSORGE-VITAMINE.

DER INHALT DIESES FLÄSCH-CHENS GARANTIERT EINE PROBLEMLOSE SCHWANGER-SCHAFT.

TOLL!

WAS SUCHST DU DENN?

GELD.

BABS, DU SIEHST PHANTASTISCH AUS!

WIRKLICH?

DEINE HAUT IST ROSIG, DEIN HAAR IST KRÄFTIG UND GLÄNZT...DIE SCHWANGERSCHAFT BEKOMMT DIR!

NEI!NEI!NEI!NEI! NEI! NEI! NEI!

WENIGSTENS ETWAS, WAS HIER BEKOMMT...

OH, MANN! HAST DU DAS GESEHEN?

SCHWARZENEGGER HAT DEN KERL EINFACH SO BEISEITE GESCHUBST, ALS WÄRE ER EIN NICHTS! EINFACH UNGLAUBLICH, HELLER WAHNSINN...

ENTSCHULDIGE BITTE MEINE HORMONE!

WAS LIEGT SO AN, PAUL?

NICHT VIEL.

ICH WILL RASCH EIN PAAR BÜSCHE PFLANZEN, DIE GARAGE AUFRÄUMEN, DEN ZAUN STREICHEN UND DEN RASEN MÄHEN.

MANN, DA HAST DU DIR ABER NE MENGE VORGENOMMEN FÜR EINEN SAMSTAG!

"HIERBLEIBEN" HAB ICH GESAGT!

JUCHZZZZ!

ENTWEDER DAS, ODER ICH PASS AUF SUSI AUF!

OH.

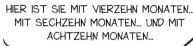

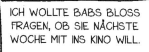

ALSO, DIE KÜCHE IST GEMACHT, PAUL PASST AUF SUSI AUF...

...DAS IST **DIE** GELEGENHEIT FÜR EIN NICKER...

...CHEN

ACH, HIER HAST DU DICH VERSTECKT?

MAMI HEIA?

UII, HÖR DIR DAS MAL AN!

IN DIESEM STADIUM DER SCHWANGERSCHAFT HAT DAS BABY BEREITS AUGENBRAUEN, WIMPERN UND SOGAR SCHON FINGERABDRÜCKE.

IST JA RIESIG.

NA, DAS KLINGT ABER NICHT SEHR BEGEISTERT.

ALSO, DAS MIT DEN AUGENBRAUEN UND DEN WIMPERN IST OK.

...ABER AUF DIE FINGERABDRÜCKE KÖNNTE ICH GUT VERZICHETEN.

SUSI!! LASS DAS SEIN!

60

NICHT IN DEN MUND STECKEN! DAS IST **BÄ-BÄ** !!

ARRGGH! DAS IST KEINE LEKTÜRE FÜR KLEINE MÄDCHEN!

AB SOFORT GEHE ICH WIEDER ALLEINE ZUM FRISEUR.

NICHT ÜBEL, ALLEIN ZU ZWEIT, HM?

WOHL WAHR!

NA, WIE ISTS DENN SO GELAUFEN?

NUN, ICH WILL ES MAL SO SAGEN...

DANK DIESER GÖRE IST MEINE BIOLOGISCHE UHR NICHT NUR STEHENGEBLIEBEN – SIE GEHT JETZT RÜCKWÄRTS!

KRACH!

UFF..!

DAS IST KEIN BABY... DAS IST EIN ZEHN-KILO-VERHÜTUNGS-MITTEL!

MUTTER MEINT, SUSI SOLLTE "TÖPFCHEN-GEHEN" LERNEN.

SCHON?

SIE BEHAUPTET, ICH WAR MIT ACHTZEHN MONATEN SCHON SAUBER, UND SUSI IST JETZT FAST NEUNZEHN MONATE ALT.

DAS HAT DOCH NICHTS ZU SAGEN!

VIEL WICHTIGER IST DOCH, OB DU-WEISST-SCHON-WER, ES AUF EINEN VERSUCH ANKOMMEN LÄSST.

WIR WERDEN'S ERST WISSEN, WENN WIR'S IHR ZEIGEN.

ICH SPRACH VON MIR!

SCHAU MAL, HIER STEHT, DASS KINDER ERST MIT ZWEI LERNEN SOLLTEN, AUF'S TÖPFCHEN ZU GEHEN.

SUSI IST KNAPP ANDERT-HALB JAHRE ALT. WOZU DIE EILE? DAS LEBEN IST SO KURZ. LASS SIE NOCH EIN WEILCHEN BABY BLEIBEN.

NENNE MIR EINEN VER-NÜNFTIGEN GRUND, WARUM WIR SIE JETZT SAUBER-KRIEGEN MÜSSEN UND NICHT ERST IN SECHS MONATEN?

ZWEI 'WICKEL-KINDER' AUF EINMAL!

WILLKOMMEN IM KLUB, SUSI.

WIR BRAUCHEN ALSO… EIN BABY-TÖPFCHEN, TÖPFCHEN-BÜCHER, TÖPFCHEN-VIDEOS, KASSETTEN…

DU MACHST WOHL WITZE!?!

ALLES NEPP! ALS WIR NOCH KLEIN WAREN, GAB'S SOWAS NICHT! WIE HABEN UNSERE ELTERN ES DENN GESCHAFFT?

GAAAAANZ LANGSAM.

ZAHLEN SIE BAR?

HIER STEHT "TÖPFCHEN-TRAINING". ICH FINDE, DAS KLINGT IRGENDWIE HART.

"TRAINING". WIR SIND DOCH KEIN SPORTVEREIN!

ES MUSS DOCH EIN NETTERES WORT DAFÜR GEBEN. EINES, DAS DIE LIEBEVOLLE SORGE DER ELTERN AUSDRÜCKT.

WIE WÄR'S MIT "TÖPFCHEN-FLEHEN"?

ICH HABE IHNEN EIN VIDEO VON DEM ULTRASCHALL GEMACHT.

OH, VIELEN DANK!

UND HIER IST NOCH EIN SCHÄRFERES FOTO VON DEM BABY.

IST JA TOLL!

HABEN SIE NOCH IRGEND-WELCHE FRAGEN?

GIBT'S DAS AUCH IM PROTZ-FORMAT?

SIEHT SO AUS, ALS KRIEG-TEN WIR WIEDER EIN MÄDCHEN.

JA... IST DAS NICHT SCHÖN?

ÄRZTE HAUS

ES KLINGT GEMEIN, ABER ICH BIN FROH, DASS ES EIN MÄD-CHEN WIRD. JUNGEN SIND SO AGGRESSIV.

ICH WEISS.

ABER JETZT KÖNNEN WIR BERUHIGT SEIN, DASS ES BEI ZWEI MÄDCHEN FRIEDLICH ZU-GEHEN WIRD, WIE BEI DIR UND JUTTA, ALS IHR KLEIN WART.

STIMMT'S BABS? BABS?

TATOFFEL.

HAST DU DAS GEHÖRT?

SIE HAT EINEN GANZEN SATZ GESAGT! UND ZWAR "BITTE PAPI, REICH MIR DIE KARTOFFELN."

TATOFFEL.

ALLERDINGS IN KURZ-SCHRIFT.

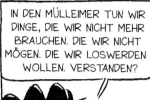

ALS WAS SOLL SUSI DENN NUN GEHEN? ALS BIENE MAJA ODER SNOOPY?

STÖHN! DASS WIR UNS DAS SCHON WIEDER ANTUN!

DIE QUAL DER WAHL MIT DEM KOSTÜM… STUNDENLANGES ABSTECKEN UND NÄHEN… DER GANZE HECKMECK, DAMIT SUSI ES EINEN NACHMITTAG LANG TRÄGT… WOZU DAS ALLES?

BEI MÜLLERS GIBT ES PLÄTZCHEN FÜR DIE KINDER, UND MEIERS GEBEN EISKREM FÜR DIE ERWACHSENEN AUS.

ALSO, WAS NUN? BIENE MAJA ODER SNOOPY?

WIR MACHEN BEIDE KOSTÜME UND SUSI GEHT AUF ZWEI FESTE.

DAS WIRD DAS SÜSSESTE SNOOPYKOSTÜM ÜBERHAUPT!

SNOOPY? HIER STEHT WAS VON BIENE MAJA!

WAS??

UGCH!!! ICH HAB WOHL DIE SCHNITTMUSTER VERWECHSELT. WIE FURCHTBAR!

ABER GAR NICHT! SUSI WIRD MIT IHREM KOSTÜM EINMALIG SEIN!

HALT MAL! EHE ICH VON VORNE ANFANGE!

ICH FINDE ES GAR NICHT SO ÜBEL.

SCHON GUT!

SNOOPY MIT FÜHLERN UND FLÜGELN! SUSIS KOSTÜM IST VÖLLIG MISSRATEN, UND DAS IST ALLEIN MEINE SCHULD!

SCHON SECHS UHR! KEINE ZEIT MEHR, WAS ZU ÄNDERN. WAS SOLLEN WIR MACHEN?

KEINE SORGE… UNS FÄLLT SCHON WAS EIN…

WAS IST DAS DENN?

EIN BILD VON DEM ORIGINALKOSTÜM UND EINE LATTE VON ERKLÄRUNGEN, WARUM ES NICHT STIMMT!

SNUPI-MAJA?

ICH RAFF'S NICHT... WIR DREHEN JEDE MARK ZWEIMAL UM, SAMMELN GUTSCHEINE, KAUFEN ALLES IM AUSVERKAUF...

ICH WÜSSTE GERN EINEN VERNÜNFTIGEN GRUND, WARUM WIR DAUERND BLANK SIND!

WEIL WIR MEHR AUSGEBEN ALS EINNEHMEN.

NA GUT, DANN WÜSSTE ICH GERN EINEN VERNÜNFTIGEN GRUND, WO JEMAND ANDERS SCHULD HAT.

VERGLICHEN MIT ANDEREN PAAREN STREITEN WIR UNS FAST NIE.

DOCH, TUN WIR.

TUN WIR NICHT, WEIL WIR UNS MEISTENS EINIG SIND.

UND OB WIR'S TUN! STÄNDIG!

NIEMALS!

UND OB!

NIEMALS!

UND OB!

NIEMALS!

UND OB!

NA, WENIGSTENS SCHREIEN WIR NICHT.

SEIT WANN?

...JETZT HEBEN WIR DIE ÄRMCHEN, DAMIT WIR DAS HEMD ANZIEHEN KÖNNEN...

...JETZT LEGEN WIR DIE WÄSCHE IN DEN KORB... JETZT MACHEN WIR DIE SCHUBLADE ZU... JETZT HOLEN WIR...

...JETZT HÖREN WIR MIT DEN SELBSTGESPRÄCHEN AUF.

IN ZUKUNFT LESE **ICH** ZUERST DIE ZEITUNG, EINVERSTANDEN?

HE! EINE LEERE CLOPAPIER-ROLLE! WO HAST DU DIE DENN HER?

MEINE GÜTE! WIE GROSS SUSI SCHON IST!

JA JA, SIE WÄCHST RASANT! SIE KANN SCHON EINE MENGE DINGE SELBER TUN.

WIRKLICH? WAS DENN?

NUN, ZUM BEISPIEL KANN SIE SICH SCHON SELBER ANZIEHEN...

...UND AUSZIEHEN.

HUCH!

EIE!!!!!

HUCH...

SIE HAT SCHLUCK-AUF.

GOTT SEI DANK – ICH DACHTE SCHON, ICH BRAUCH NEUE GLÄSER!

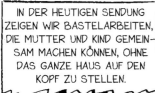

IN DER HEUTIGEN SENDUNG ZEIGEN WIR BASTELARBEITEN, DIE MUTTER UND KIND GEMEINSAM MACHEN KÖNNEN, OHNE DAS GANZE HAUS AUF DEN KOPF ZU STELLEN.

OH...

HMMM... MAL SEHEN... NEIN, DAS MACHT AUCH ZU VIEL DRECK...

NAJA, WAS SOLL'S...

ICH WUSSTE ES!

MANN! WENN DAS BABY ERST MAL DA IST, WIRD ES HIER GANZ SCHÖN ENG WERDEN!

WIESO? WIR HABEN DOCH GENUG ZIMMER!

DAS ELTERNSCHLAFZIMMER... EIN ZIMMER FÜR SUSI...

...UND EIN ZIMMER FÜR DEN KRAM, DER NICHT IN DIE GARAGE PASST.

FRÜHER MAL REICHTE UNS EINE KRAM-SCHUBLADE!

WOHER WISSEN DIE BLOSS IMMER, DASS MAN IHNEN DIE NASE PUTZEN WILL?

FUNKTIONIERT DER VIDEO-RECORDER JETZT, PAUL?

NEIN... DAS BLÖDE DING IST WOHL KAPUTT!

ICH HAB ALLES VERSUCHT... "PLAY" "RECORD-PLAY" "REWIND" "STOP"!

ICH FRAG MICH, WARUM SIE DIESE DINGER SO KOMPLIZIERT MACHEN MÜSSEN!

SIRRR!... HMMMM...

EGAL... ICH HAB'S GESCHAFFT!

KOMM SCHON, SUSI... ISS BRAV DEINEN SPINAT. SCHAU, MAMI UND PAPI TUN ES AUCH!

HILF MIR DOCH MAL BITTE!

SO EIN BRAVES MÄDCHEN!

ALSO WIRKLICH! ICH FRAG MICH, WO SIE SO EIN BENEHMEN HER HAT!

DIANA - DIANA MEIER!

MANCHE NAMEN KLINGEN WIRKLICH TOLL - NUR NICHT BEIM EIGENEN KIND!

KOMM HER, SUSI! PAPI WILL DIR DIE ZÄHNE PUTZEN!

UND DANACH WOLLEN WIR DEINE HAARE KÄMMEN!

UND DANN KOMMEN DEINE ZEHENNÄGEL DRAN!

DU BIST GEMEIN!

ACH JA? UND WIE SCHAFFST DU DIR EINEN MOMENT RUHE?

HE, DAS IST WIRKLICH GELUNGEN!

ICH LEG DAS MAL ZU DEN ANDEREN BILDERN.

WILLST DU SIE SAMMELN?

HM...NAJA... EVENTUELL...

WENN SUSI ZU ALLEM "NEIN" SAGT, TUT SIE DAS NICHT, UM DICH ZU ÄRGERN, BABS... SIE MACHT GERADE EINE PHASE DURCH...

DIR WIRD'S GLEICH VIEL BESSER GEHEN, WENN DU ERKENNST, DASS SIE NUR IHRE UNABHÄNGIGKEIT ERPROBT, IHRE EIGENE WAHL TRIFFT, IHRE PERSÖNLICHKEIT ENTWICKELT.

NICHT WAHR, MEIN SCHATZ?

NÖ.

NA WARTE, DU...!

UFF! MIR GEHT ES JETZT SCHON VIEL BESSER!

ICH HAB EINE IDEE! SUSI KRIEGT EIN ETAGENBETT.

ETAGEN-BETT?

JA! DAS IST TOLL! ICH HATTE ALS KIND EINS!

MEINE FREUNDE UND ICH SIND IMMER VOM OBEREN BETT GESPRUNGEN UND HABEN AUF DER LEITER RUMGETURNT. MEINE ELTERN WAREN TOTAL GEN...

KEIN ETAGEN-BETT.

DAS IST SCHÖN.

MMMM.

ICH MUSS NOCH ABWASCHEN.

MMMMM.

WIR HABEN SCHON EWIG NICHT MEHR SO NETT GESCHMUST.

MMMMM.

WIE LIEB, DASS DU MICH WEGEN MEINES GEWICHTS NICHT FOPPST!

MMMMMM!

SUSI HAT HEUTE SO GE-
NERVT! AUF JEDE FRAGE NUR
MIT "NEIN" GEANTWORTET!

MÖCHTEST DU ETWAS SAFT?
"NEIN". MÖCHTEST DU FERN-
SEHEN? "NEIN". WIRST DU
SCHÖN STILL SEIN, WÄHREND
MAMI SCHLÄFT? "NEIN". MÖCH-
TEST DU EIN KEKS? "NEIN".

NEIN! NEIN! NEIN! NEIN!
ALLES IMMER BLOSS "NEIN"!

DAS HAST DU WIRK-
LICH GETAN?

NEIN.

MITTWOCH

AM MONTAG ABEND
FÄNGT UNSER ELTERN-
KURS AN. DENK DRAN.

KLAR.

FREITAG

NICHT VERGESSEN: AM
MONTAGABEND FÄNGT
UNSER ELTERNKURS AN.

RICHTIG.

SONNTAG

DU WEISST JA, MORGEN
ABEND IST UNSER
ELTERNKURS.

HM...HMM.

MONTAG

DER BABYSITTER IST DA.
WIR MÜSSEN LOS. DER EL-
TERNKURS FÄNGT
UM SIEBEN AN!

ELTERN-
KURS???
HEUTE? UND DAS
ERFAHRE ICH
JETZT???

RICHTIG TOLL, DIE-
SER ELTERNKURS!

EHRLICH! DAS LIEF BESSER
ALS ICH DACHTE! ICH FREUE MICH
SCHON AUF NÄCHSTEN MONTAG!

NÄCHSTES MAL
SITZT DU MIR NICHT
SO NAH BEI DEM
KNABBERZEUG!

HAB ICH WAS WICH-
TIGES VERPASST?
DIE CHIPS WAREN SO
KNUSPRIG, DASS ICH
KAUM EIN WORT VER-
STANDEN HABE.

WÄSCHE... GESCHIRRSPÜLEN... EINKAUFEN... STAUBSAUGEN... ESSEN KOCHEN...

HARTER TAG HEUTE... BELEGTE BRÖTCHEN FÜR DIE SITZUNG MITBRINGEN... MITTAGESSEN MIT DEN KOLLEGEN AUS DER BUCHHALTUNG... UND DANN DIE GEBURTSTAGSFEIER BEI LIS UM DREI...

TERMINE! TERMINE!

FRÜHER HAB ICH GEARBEITET... HEUTE **SCHUFTE** ICH!!

OHHH! SCHON WIEDER!

LASS MAL FÜHLEN.

WOW! IST DAS NICHT WUNDERBAR, WENN MAN SPÜRT, WIE DAS BABY KICKT?

ZONG! ZONG! ZONG!

ICH MEINTE EIGENTLICH DAS UNGEBORENE BABY!

ZONG! ZONG!

DER SCHÖNSTE TEIL DES ABENDS BEGINNT...

DER ABWASCH IST GEMACHT, SUSI SCHLÄFT, UND WIR HABEN ENDLICH MUSSE...

Z

JUNGE ELTERN SCHREIBEN "MUSSE" MIT EINEM GROSSEN "Z".

Z

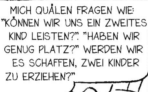

ICH WÜNSCHTE, ICH KÖNNTE MEINEN BERUF HIER ZUHAUSE AUSÜBEN.

STELL DIR MAL VOR, GANZTAGS ZU ARBEITEN, OHNE DAS GEMÜTLICHE ZUHAUSE VERLASSEN ZU MÜSSEN!

DAS WÄRE DIE ERFÜLLUNG MEINER TRÄUME. EIN TRAUMBERUF!

WIE HAUSFRAU, ABER MIT ANERKENNUNG UND GEHALT.

ÄH, JA... SO ÄHNLICH.

WIE KANN MAN DIESES KIND BLOSS STOPPEN?

KEINE AHNUNG. SUSI HAT NOCH NIE EINEN WUTFALL GEHABT!

BÄHHH!

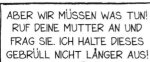

ABER WIR MÜSSEN WAS TUN! RUF DEINE MUTTER AN UND FRAG SIE. ICH HALTE DIESES GEBRÜLL NICHT LÄNGER AUS!

GUTE IDEE.

MAMA? HIER IST BABS. SUSI HAT SO EINEN WUTANFALL WIE ICH IMMER ALS BABY. WAS SOLL ICH BLOSS MACHEN?

HAHAHAHAHAHAHAHHÄHÄ HUHUHUHUHUHAHAHAHIHI HÄHÄHÄHHAHAHAHIHIHI!

DA HÖRE ICH MIR LIEBER SUSIS GEBRÜLL AN!

MAMA SAGT, ICH HÄTTE ALS KIND AUCH IMMER WUTANFÄLLE GEHABT.

UND WAS HABEN DEINE ELTERN DANN GEMACHT?

BUÄHH!

BEI DEM KRACH KANN ICH NICHT DENKEN!

DU WIRST DOCH NOCH WISSEN, WAS DEINE ELTERN IN DEINEM FALL GEMACHT HABEN!

ICH HAB'S! SIE HABEN IMMER GEBRÜLLT: "BEI DEM KRACH KANN ICH NICHT DENKEN"!

ICH BRAUCH EIN ASPIRIN.

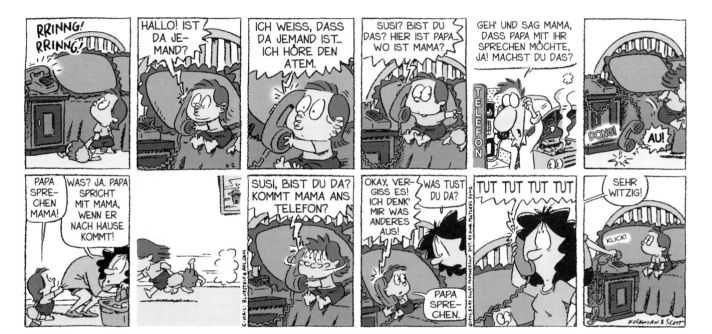

> SEUFZ < SUSI HATTE FRÜHER MAL PERFEKTE KLEINE KNIE!

SCHAU SIE DIR AN! ÜBERSÄT MIT NARBEN UND SCHRAMMEN!

UND? KINDER STOSSEN SICH HALT!

ICH WILL NICHT, DASS SIE SPÄTER MAL HÄSSLICHE KNIE HAT!

KEINE BANGE... SIEH MEINE AN!

ÄHM... ICH MEINE, SCHAU DEINE AN!

WIE FINDEST DU MEIN HAAR?

GUT.

WAAAAAAA!

PRÄCHTIG.

LÜGNER.

WAS SOLL DAS DENN HEISSEN?

TOLL!

ALSO??

WER FRAGT HIER, DU ODER DEINE HORMONE?

ERST TUN WIR EIN WENIG RASIERSCHAUM AUF DEIN GESICHT...

DANN NEHMEN WIR DIE KLINGE AUS DEM RASIERER ... VOILA... UND SCHON SIEHST DU GENAU SO AUS WIE PAPI BEIM RASIEREN!

PSSST! PSSST! PSSST!

JETZT SIEHST DU GENAU SO AUS WIE PAPI BEIM RASIEREN!

MEIN KLINIKKOFFER IST GEPACKT, JUTTA WIRD AUF SUSI AUFPASSEN, ESSEN IST VORGEKOCHT – ICH BIN BEREIT!

NA???

ICH HABE IN DEN ERSTEN SCHWANGERSCHAFTSWOCHEN TÄGLICH MEINE MINDESTMENGE AN FOLSÄURE ZU MIR GENOMMEN.

... ICH WAR REGELMÄSSIG ZUR KONTROLLUNTERSUCHUNG... ICH RAUCHE NICHT, NEHME KEINE DROGEN...MEINE ERNÄHRUNG IST AUSGEWOGEN...

... DAS MINDESTE, WAS DU TUN KANNST, IST, PÜNKTLICH AUF DIE WELT ZU KOMMEN!

ÄRZTE KÖNNEN EINE GEBURT KÜNSTLICH EINLEITEN, BABS WENDET SCHULDGEFÜHLE AN.

URPS!

BABS – ICH GLAUBE, DAS WAR EBEN EINE KONTRAKTION!

OH... GUT, DASS DU AUFGEPASST HAST, SONST HÄTTE ICH NICHTS GEMERKT!

WEGEN DER WEHEN MUSST DU NICHT GLEICH SPITZ WERDEN!

MEINE ELTERN HABEN ANGERUFEN UND NEUE NAMEN VORGESCHLAGEN.

LASS HÖREN.

GLUCK! GLUCK! GLUCK!

THOMAS, MAX, FRIEDRICH, JOHANN, WOLFGANG, ANDY, LOTHAR, TONI, JÜRGEN...

NAJA, MUTTER MACHT GRAD EINEN LITERATURKURS AN DER VOLKSHOCHSCHULE, UND VATER GUCKT FUSSBALL.

AHA.

GEFÄLLT DIR DEIN NEUES BRÜDERCHEN, SUSI?

HM...HEISSTA DENN?

NUN... ER HAT NOCH KEINEN NAMEN...

WIE SOLLEN WIR IHN NENNEN, SUSI?

BIBO!

NA... ICH FINDE "BIBO" ALS NAME NICHT SO GUT.

WIESO NICHT? ER IST BESSER ALS ALLES, WAS DEINEN ELTERN EINGEFALLEN IST.

WAAAAAAAAAAA!

ICH HAB EINE IDEE! ICH BLÄTTERE DAS BUCH DURCH, UND DU MACHST DIE AUGEN ZU UND TIPPST MIT DEM FINGER IRGEND WOHIN – SO NENNEN WIR DANN DAS BABY.

NA GUT.

10.000 NAMEN FÜR DEM BABY

UND LOS!

GENAU... HIER!

SCHNIPP! SCHNIPP! SCHNIPP! SCHNIPP!

ICH HAB'S!

WAS STEHT DA? WIE SOLL DAS BABY HEISSEN?

SEITE 236.

NICHT SCHÖN, ABER SELTEN.

KIRKMAN & SCOTT

WIR NENNEN IHN TARZAN.

TARZAN??

WENN WIR IHN TARZAN NENNEN, HAT ER EINEN SCHWEREN STAND IN DER SCHULE. DIE ANDEREN KINDER WÜRDEN IHN AUSLACHEN, UND ER WÜRDE MINDERWERTIGKEITSKOMPLEXE BEKOMMEN.

NA UND..?

DU MEINE GÜTE! DAS SOLLTE EIN WITZ SEIN!

MANCHMAL HAST DU EINEN SELTSAMEN HUMOR, WEISST DU!

ZWEI STUNDEN SCHLAF UND EIN HEILENDER DAMMSCHNITT – DA DARF ICH ALLES.

BEI ALL DEN VORSCHLÄGEN VON FREUNDEN UND FAMILIE WERDEN WIR DOCH EINEN NAMEN FÜR DAS BABY FINDEN.

JA, SCHON.

VIELLEICHT SIND WIR EINFACH ZU WÄHLERISCH. WIR SOLLTEN ALLE NAMEN NOCH EINMAL DURCHGEHEN.

ICH WETTE, WENN DU DA REINGREIFST UND EINEN NAMEN ZIEHST, WÄRE ER ABSOLUT...

CÄSAR.

...DANEBEN.

EBEN. WEISST DU WAS? WIR SOLLTEN IHN NUMERIEREN.

WAS FÜR IDIOTEN WIR DOCH SIND!

KLOPF!

WIR ZERBRECHEN UNS SEIT TAGEN DEN KOPF ÜBER EINEN NAMEN FÜR DAS BABY, DABEI LIEGT DIE LÖSUNG DOCH SO NAHE!

WAS?? ERZÄHL!

WARUM NENNEN WIR IHN NICHT EINFACH PAUL, JR.!

IST DAS JETZT EIN DEFINITIVES "NEIN" ODER EIN "MAL SEHEN"?

SCHLUCK!
SCHLUCK!
SCHLUCK!

SIEHT AUS, ALS BUHLT JEMAND UM DEINE LIEBE.

MEINST DU?

IHR WOLLT EUCH DAS WIRKLICH ANTUN?

NEHM'S AN.

MACH HALBLANG, PAUL!

WIR GEHEN MIT SUSI ZUM ERSTEN MAL INS KINO – NICHT AUF DIE EIGER NORDWAND!

DU SOLLTEST DAS GANZE WENIGER ALS PFLICHTÜBUNG UND MEHR ALS EINEN FAMILIENSPASS BETRACHTEN!

GUT.

UFF!

WO IST MEIN LOLLI?

ICH WERDE MICH BESCHWEREN.

IST DOCH NICHT SO SCHLIMM.

ES STÖRT MICH ABER!

WIR SIND IN EINER KINDERVORSTELLUNG! WAS HAST DU DENN ERWARTET?

MIR DOCH EGAL... ICH GREIF MIR JETZT DEN MANAGER...

IHR FUSSBODEN KLEBT JA WIE HUND!

OKAY. HIER IST MAMIS POPCORN...UND IHRE LIMO... HIER IST DEIN LAKRITZ... DEINE LIMO... UND HIER NOCH PAPIERSERVIETTEN!

PSSST. HINSETZEN!

RUHE!

MIR LANGT'S! ICH BIN JETZT DAS LETZTE MAL WEGEN WAS AUFGESTANDEN!

NIX MEHR ZU FUTTERN UND KEINE UNRUHE MEHR. WIR BLEIBEN JETZT SCHÖN SITZEN UND SEHEN UNS DEN REST DES FILMS AN. KEINE STÖRUNGEN MEHR. KEINE AUSNAHMEN!

SUSI PIPI!

DAS KIND DA MACHT MICH GANZ RASEND MIT SEINEM BLÖDEN BECHER!

FWEEP! FWOOP! FWEEP! FWOOP!

SOLL ICH'S IHM WEGNEHMEN?

MEINST DU, DAS LÄSST ER ZU?

FWEEP! FWOOP! FWEEP! FWOOD!

WIR KÖNNEN ES JA MAL PROBIEREN.

HÖR MAL, MEIN JUNGE. WIR WÜRDEN GERN DEN FILM SEHEN. GIB MIR DEN BECHER!

FWEEP! FWOOP! FWEEP!

HAT ER IHN DIR GEGEBEN?

LASSEN WIR DAS THEMA LIEBER.

NA, WIE WAR DER FILM?

GUT.

INTERESSANT.

LEHRREICH.

IM ERNST?

WAS KÖNNTE MAN VON EINEM TRICKFILM DENN LERNEN?

EINIGES.

ZUM EINEN, ANDERE KINDER BENEHMEN SICH NOCH SCHLECHTER ALS UNSERE.

ICH WEISS NICHT, OB ICH MICH FREUEN ODER UNSERE NATION BEDAUERN SOLL.

WIE BIN ICH BLOSS AUF DIESE SCHNAPSIDEE GEKOMMEN, MEINE EIGENEN KINDER ZU VERSORGEN UND NOCH AUF DAS KIND EINER NACHBARIN AUFZUPASSEN!

KLOPP! KLOPP!

ICH MUSS BINI SAGEN, DASS ES NICHT FUNKTIONIERT. SIE WIRD MASSLOS ENTTÄUSCHT SEIN, ABER ICH KANN'S NICHT ÄNDERN. ICH MUSS HART BLEIBEN.

DOING!

ICH WERDE EINFACH SAGEN: "TUT MIR LEID, ICH KÜNDIGE."

DING-DONG!

TUT MIR LEID...

DU BIST GEFEUERT!

WAS? GEFEUERT?

JA! ABER ICH HÄTTE SOWIESO GEKÜNDIGT.

SIE HAT MICH ENTLASSEN, WEIL **SIE** FINDET, DIE BELASTUNG SEI ZU GROSS FÜR MICH. WEIL **SIE** FINDET, ICH KÖNNTE NICHT AUF NOCH EIN KIND AUFPASSEN. WEIL **SIE** FINDET, ES SEI DAS BESTE FÜR ALLE. FINDET **SIE**!

WARUM WOLLTEST DU DENN KÜNDIGEN?

WEIL **ICH** FINDE, DASS ALLES ZUVIEL WIRD, WEIL **ICH** FINDE, DASS ES NICHT FUNKTIONIERT, UND WEIL **ICH** FINDE, DASS ES AM BESTEN FÜR ALLE IST!

GROSSER UNTERSCHIED.

KANN MAN WOHL SAGEN!

KOMISCH...

... BEVOR ICH KINDER HATTE, DACHTE ICH, ES DAUERT EWIG, BIS MAN NACH DER SCHWANGERSCHAFT WIEDER IN FORM IST...

JETZT WEISS ICH, DASS DAS NICHT STIMMT...

ES DAUERT LÄNGER...

TIMMI HAT MORGEN SEINEN ERSTEN ARZTTERMIN.

WIRD ER GEIMPFT?

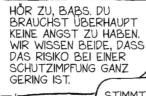

HÖR ZU, BABS. DU BRAUCHST ÜBERHAUPT KEINE ANGST ZU HABEN. WIR WISSEN BEIDE, DASS DAS RISIKO BEI EINER SCHUTZIMPFUNG GANZ GERING IST.

STIMMT.

ICH MÖCHTE NICHT, DASS DU DICH WIEDER SO AUF- REGST WIE DAMALS, ALS SUSI GEIMPFT WURDE.

WERDE ICH NICHT.

... WEIL DU MIT TIMMI ZUM IMPFEN GEHST.

ICH??

ICH WILL GANZ OFFEN MIT DIR SEIN, MEIN SOHN. WIR FAHREN JETZT ZUM ONKEL DOKTOR, UND DA KRIEGST DU DEINE SCHUTZIMPFUNG.

DAS IST NICHT SO LUSTIG, DU BRAUCHST ABER AUCH KEINE ANGST ZU HABEN.

KEINE GROSSE SACHE EI- GENTLICH... NUR EIN KLEINER PIEKSER... WIRK- LICH NICHT SCHLIMM...

TIMOTHEUS MEIER?

HIER!

SCHON ZURÜCK? WIE IST ES GE- LAUFEN?

STÖHN FABELHAFT!

ZWEI VOLLE WINDELN, EINE HALBE STUNDE WARTEN BEIM DOKTOR, DREI IMPFUNGEN, EIN SCHREIKRAMPF, DAS KANNST DU DIR NICHT VORSTELLEN, UND TIMMI HAT AUF MEINE HOSE GEK...!

MANN, BIN ICH FROH, DASS DER TAG RUM IST!

ES IST JETZT VIERTEL VOR ELF AM VORMITTAG.

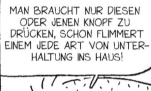

BABY BLUES

Die erfolgreiche Windel-Soap mit über 150 000 verkauften Exemplaren ... u. a. veröffentlicht in folgenden Zeitungen:
Anzeiger, Main Echo, Passauer Neue Presse, Rhein Zeitung Rheinpfalz, Ruhr Nachrichten, TZ, Stuttgarter Nachrichten, Mindener Tagblatt

Baby Blues 0: Ganz schön schwanger!
128 Seiten, sw
ISBN 978-3-89982-252-6

Baby Blues 1: Alles dreht sich um Baby Blues
128 Seiten, sw
ISBN 978-3-8303-8010-8

Baby Blues 2: Nächte des Grauens
128 Seiten, sw
ISBN 978-3-8303-8011-5

Baby Blues 3: Tage des Terrors
128 Seiten, sw
ISBN 978-3-8303-8012-2

Baby Blues 4: Wer zuletzt lacht ...
128 farbige Seiten
ISBN 978-3-89982-233-5

Baby Blues 5: Unplugged
128 farbige Seiten
ISBN 978-3-89982-234-2

Baby Blues 6: Armer Papa!
128 farbige Seiten
ISBN 978-3-89982-218-2

Baby Blues 7: Mama ist die Beste!
128 farbige Seiten
ISBN 978-3-89982-246-5

Baby Blues 8: Oje, es sieht Dir ähnlich!
128 farbige Seiten
ISBN 978-3-89982-266-3

Baby Blues 9: Wenn ich doch ...
128 farbige Seiten
ISBN 978-3-89982-283-0

Baby Blues 10: Zwei + Eins = Reicht
128 farbige Seiten
ISBN 978-3-8303-8013-9

**Baby Blues 11:
Sie sind sooooooo süß!**
128 farbige Seiten
ISBN 978-3-89982-308-0

**Baby Blues 12:
Die natürliche Unordnung**
128 farbige Seiten
ISBN 978-3-89982-317-2

**Baby Blues 13:
Unser Server ist down**
128 farbige Seiten
ISBN 978-3-89982-318-9

Keine ruhige Minute für die Eltern von Susi, Timmi und Anna: Susi entwickelt merkwürdige Mode-Allüren und Timmi will sein Zimmer unbedingt in einer männlichen Farbe streichen. Klein-Anna versteht von alldem natürlich noch nichts, kann aber dank Susi jetzt Männchen machen. Dann muss auch noch Timmis Schildkröte durch Mund-zu-Mund-Beatmung wiederbelebt werden ...
Das Chaos ist vorprogrammiert! Rick Kirkman und Jerry Scott bieten wieder einmal einen herrlich komischen Einblick in die alltäglichen Familien-Abgründe.

Baby Blues 14:
128 farbige Seiten
ISBN 978-3-8303-8000-9

Zits

Ein einzigartiger Spaß für Teenager und ihre Eltern!

Veröffentlichungen in:

Abendzeitung, Die Presse Wien, Donau Kurier, HNA, Main Echo, Oberösterreichischen Nachrichten, Thurgauer Zeitung, Viernheimer Tagblatt, Gießener Allgemeine.

Zits 1: Trau keinem über 20
128 Seiten, sw
ISBN 978-3-89982-223-6

Zits 2: Tage eines Teenagers
128 Seiten, sw
ISBN 978-3-8303-8014-6

Zits 3: Bahn frei, ...!
128 farbige Seiten
ISBN 978-3-89982-955-6

Zits 4: Erwischt!
128 farbige Seiten
ISBN 978-3-8303-8015-3

Zits 5: Teenager-Alarm!
128 farbige Seiten
ISBN 978-3-89982-249-6

Zits 6: Wehe, du rollst jetzt ...
128 farbige Seiten
ISBN 978-3-89982-271-7

Zits 7: Zits packt aus!
128 farbige Seiten
ISBN 978-3-8303-8016-0

Zits 8: Mittagsstund hat Pelz im Mund
128 farbige Seiten
ISBN 978-3-89982-303-5

Zits 9: Opfer der Schwerkraft
128 farbige Seiten
ISBN 978-3-8303-8017-7

Zits 10: Sind wir schon auf der Straße?
128 farbige Seiten
ISBN 978-3-89982-319-6

Ein Teenager ohne Smartphone? In Jeremys Welt undenkbar! Dass die mobile Kommunikation aber auch ihre Tücken haben kann, merkt Jeremy spätestens, als ein Video von seinem Salto Mortale in der Schulcafeteria im Internet auftaucht. Dann macht er sich auch noch mit einem Schnurrbart aus Milchschaum vor seinen Freunden lächerlich. Der alltägliche Teenager-Wahnsinn, wie gewohnt mit jeder Menge Humor präsentiert.

Zits 11:
128 farbige Seiten
ISBN 978-3-8303-8001-6